そのままでいい

田口久人

Discover

まえがき

私は、言葉の力を信じています。

言葉一つで考え方は変わります。
考え方が変われば、見えるものが変わります。
事実は同じでも、別の見方や受け止め方ができるようになります。

私も、これまで多くの言葉に励まされてきました。本の中で出会った言葉もあれば、家族や友人から言われた言葉もあります。

つらいとき、くじけそうなとき、それらの言葉を思い出し自分を奮い立たせてきました。
言葉はまるで父母のように、友のように、恋人のように、先生のように、いつも私に寄り添い導いてくれました。ときには優しく、ときには厳しく。

自分が救われたように、言葉で人を励ましたい。

その想いから、SNSの一つであるインスタグラムで、一日一篇、言葉や詩を綴りはじめました。毎日欠かさず更新を続け、その数は1000篇以上にもなります。
開始して半年が経過すると、累計で100万以上「いいね！」され、今では60万人以上の方にフォローしていただいています。

何よりもうれしいのが、読者の方からのコメントです。

「この言葉で、今日一日がんばれそうです」
「とてもとても凹んでいましたが、救われました」
「一つひとつの言葉がすとんと心に落ちてきます」
「今の私に大切な言葉ばかりで胸を打たれました」

私も、ときには自分の思うようにならず悩み、自信をなくし、落ち込むこともあります。

でも、そんな私だからこそ、多くの人の悩みや迷いに共感し、励ます言葉を綴り続けることができているのだと思います。

本書には、インスタグラムの1000以上の作品から特に人気のあった作品を厳選し、さらに書き下ろしを加えた176作品を収録しています。

うまくいかずくじけそうなとき、人間関係のしがらみに疲れたとき、誰かに傷つけられたとき、何をしていいのかわからなくなったとき、きっと本書の言葉があなたの背中を押してくれるはずです。

あなたが、自分で決めた道を信じて進み、自分らしく生きられることを心から願っています。

2017年早春　　田口久人

もくじ

I　人間関係について

7

嫌われてもいい

嫌われないようにがんばっても
嫌われることもある
好かれるようにがんばっても
好かれないこともある
相手に自分を
よく見せようとしたり
相手に合わせて
無理に自分をつくっても
誰も魅力を感じない
好かれようと思えば思うほど

相手は離れていく
自分を飾らず
ありのままの自分を出すこと
受け入れてくれる人を
大切にすればいい
誰にでも好かれる必要はない

気にしなくていい

気にしなくていい
すべてを出し切ったなら
気にしなくていい
もう終わったことだから
気にしなくていい
まだ起きていないなら
気にしなくていい
思うほど相手は気にしていないから
気にしすぎると悩みに変わり
いつか悩みは苦しみとなる

2

変えられないことを考えても
何も変わらない
自分を責めなくていい
他人の目を気にしなくていい
前だけを向いて生きればいい

断ればいい

好きではないこと
できそうにないこと
無理すること
すべて断ればいい
行きたくない場所に行って
会いたくない人に会って
合わない人に合わせて
自分がつらくなるだけ
たとえ無理しても
いつか相手は離れていく

3

本当は断れないのではなく
いい人になりたいだけ
嫌われたくないだけ
他人に振り回されていたら
満足する人生を過ごせない
もっと自分を大切にしよう

怒ってもいい

他人と比較し
自分が正しいという考えから
怒りが生まれ
期待すればするほど
裏切られたときに
怒りが増していく
期待しすぎないこと
劣等感を感じたり
不愉快に思ったとしても
そのまま受け止めること

4

もしも怒りを感じたら
深呼吸して心を整えればいい
怒りは自分にとって
大切なものを教えてくれる
怒りに感謝できたとき
あなたはうまくいく

強がらなくていい

強がらなくていい
人は弱いから
ありのままの自分を認めずに
もがいたとしても
苦しくなるだけ
自分から敵をつくらないこと
自分から壁をつくらないこと
弱いからこそ頼れる
弱いからこそ支えあえる
誰も一人で生きてはいけない

5

弱くてもいい
一人じゃないから

言いたいことを言えばいい
それで離れてしまうなら
それだけの関係

6

どう思うのかは
自由だけど
それを伝えたとき
相手がどう思うのか
考えたほうがいい

許せばいい

自分のせいではないと
わかっていたとしても
許せばいい
どうしても怒りがおさまらなくても
許せばいい
何度も期待して裏切られたとしても
許せばいい
誰にでも過ちはある
いつまでも怒り
過去に執着していると

未来さえも失ってしまう
許すことで手放せる
許すことで楽になる
許すことで前に進める

我慢しなくていい

自分でも気づかないほど
小さな我慢であったとしても
たまっていくと苦しくなる
愛想笑いをして相手に合わせて
自分に大丈夫と言い聞かせて
まだがんばれると奮い立たせて
気づいたときには限界を迎えている
我慢するのはやめよう
「つらい」
「助けて欲しい」

9

「慰めて欲しい」
たった一言でも口に出せば
楽になるかもしれない
もう我慢しなくていい

わかりあえなくていい

わかりあえなくていい
誰にだって大切なものがある
譲れないものもある
押しつけようとすれば
相手は離れていき
無理に合わせようとすれば
お互いが苦しくなるだけ
どんなに大切な人であっても
どんなに相手を想っても
わかりあえないこともある

10

わかりあえなくていい
相手を尊重しようとしているなら

合わせなくていい

無理に誰かに合わせようとすると
いつか自分が嫌になる
誰かに合わせて答えを出すと
いつか後悔することになる
誰にでもいい人でいようとするから
苦しくなる
居場所がないなら
自分でつくればいい
一度しかない人生
誰かに合わせるなんて

もったいない
自分を貫いていれば
いつか認めてくれる人が現われる
自分から合わせなくていい

12

出会いを大切に

自分より大切に
思えないのが知り合い
自分と同じくらい
大切に思えるのが友達
自分以上に
大切に思えるのが親友
一度しかない人生
出会う人はかぎられている
誰でも知り合いから始まる
どんな出会いであっても

自分と同じくらい
大切にしたい人が
一人でも多くいれば
人生は豊かになる
出会いを大切に

自分が変わる

いくら伝えようと思っても
相手に伝わらずに
空回りすることもある
本当はささいなことなのに
心に余裕がなくて
まわりとぶつかることもある
一生懸命がんばっているのに
まわりから誤解されてしまい
疲れてしまうこともある
何のためにがんばるのかわからなくなり

途方にくれることもある
本当は逃げ出したいのに
勇気がなくて同じ場所にいる
誰かのせいにしても何も変わらない
自分が変わることでしか
未来は変わらない

親友は一人でもいい

これからずっと会わなくても
困らないのが「知り合い」
常に入れ替わりながら
そのときを一緒に楽しめるのが「友達」
同じ目標に向けてがんばり
いつか思い出話に花を咲かせるのが「仲間」
たとえ久しぶりに会っても
気兼ねなく本音を話せるのが「親友」
知り合いはたくさんいても仕方がない
親友は一人でもいい

14

100人の知り合いよりも
一人の親友に価値がある

素直になれなくても「ごめんね」「ありがとう」はしっかりと伝える

信用できないのは
相手ではなく
自分に原因がある

16

一人じゃない

くだらないことでも
一緒に笑ってくれるのが「友達」
夢へのきっかけを
与えてくれるのが「恩師」
遠慮せずに注意し
相談に乗ってくれるのが「両親」
まわりを気にしないで
ありのままでいさせてくれるのが「恋人」
どんなときでも
一緒に困難を乗り越えるのが「夫婦」

育てているようで
自分を成長させてくれるのが「子ども」
あなたは一人じゃない
支えられて生きている

伝えると伝わるは違う

たとえ伝えたとしても
聴いたわけではない
たとえ聴いてもらえても
理解したわけではない
たとえ理解してもらえても
共感したわけではない
たとえ共感してもらえても
行動するとはかぎらない
伝えるのと伝わるのは違う

悩んでいる人に
できることは
そばで聞くこと
自分から
話すことではない

19

20 まずは自分から

信じて欲しいなら信じる
認めて欲しいなら認める
褒めて欲しいなら褒める
期待して欲しいなら期待する
理解して欲しいなら理解する
感謝して欲しいなら感謝する
話を聞いて欲しいなら聞く
笑って欲しいなら笑う
愛して欲しいなら愛する
求めるなら与える

他人にばかり期待しない
まずは自分から

どちらとも正しい

相手が間違っている
自分が正しいと
思い込んだときから争いが始まる
相手も同じことを思っている
どちらとも正しくて
どちらとも間違っていない
見方によって考え方は異なり
お互いに譲れないことがあり
簡単に結論を出せないこともある
悲しみがこれ以上増えないように

相手の想いを受け止めること
自分から歩み寄ること
争いはなくならないけど
減るかもしれない

何を求めているか

心配しているのに伝わらなくて
思うように動いてくれなくて
面倒になって話しかけづらくなる
相手のためと思っているうちは
うまくいくことはない
何を求めているのかを考えること
最初からわかるものではなく
コミュニケーションを重ね
信頼されることで見えてくる
うまくいかなくても

すぐにあきらめないこと
相手も同じ思いを
抱いているかもしれない

一人でもいたら

裏切られたり傷つけられても
他人と関わることを恐れないこと
誰かと出会うことで
救われることもある
友達でも恋人でも
家族でもいい
理由なく連絡できて
本心を話せて
心から笑い合える
そんな人が一人でもそばにいたら幸せ

その人と一緒にいる自分は好きですか？

24

人間関係がもっとよくなる「あかさたなはまやらわの法則」（超訳アドラー）

【あ】相手がいるから自分がいる
【い】意味づけ一つで未来は変わる
【う】受け取るよりも与える
【え】笑顔が元気の源となる
【お】同じ世界にいても捉え方は違う
【か】過剰な親切はしない
【き】共通の課題を持つ
【く】苦労話を自らしない
【け】原因より目的で結果は決まる

25

【こ】行動することでしか解決しない
【さ】探すのは良いところだけ
【し】信用するのではなく信頼する
【す】すべての人間は対等である
【せ】性格はすぐに変えられる
【そ】育った環境で人生は決まらない
【た】他人の課題に踏み込まない
【ち】違いを受け止める
【つ】強く見せるより強くなる
【て】「でも」より「だから」で考える
【と】トラウマは存在しない
【な】何を与えられたかよりどう使うか
【に】苦手な人と無理に仲良くしない
【ぬ】抜けがけされても気にしない

【ね】妬みからは何も生まれない
【の】NOと言われても気にしない
【は】罰を与えず結末を体験させる
【ひ】他人《ひと》の目を気にしない
【ふ】不安は感じて当たり前
【へ】変化は自分から生み出す
【ほ】褒めるのではなく勇気づける
【ま】迷ったときは周囲の利益を優先する
【み】未来を変えるのは今しかない
【む】無意識は存在しない
【め】命令口調をやめる
【も】最も変えやすいのは自分
【や】優しくするのは自分のため
【ゆ】有益な選択をする

【よ】良い悪いで判断しない
【ら】楽観的になる
【り】理性的に話し合う
【る】ルールに縛られすぎない
【れ】劣等感を持っていい
【ろ】ロマンを忘れない
【わ】悪者探しをしない

II 幸福について

どちらでもいい

友達は多くても少なくてもいい
本音を話せる人がいるなら
年収は高くても低くてもいい
幸せに過ごせるなら
家は広くても狭くてもいい
自分に合っているなら
モノを増やしても減らしてもいい
大切なものがわかっているなら
頭が良くても悪くてもいい
まわりを喜ばせられるなら

26

性格は明るくても暗くてもいい
個性の一つだから
化粧は厚くても薄くてもいい
自分の魅力が伝わるなら
子どもは褒めても叱ってもいい
愛情が伝わっているなら
夢は小さくても大きくてもいい
叶えられるのなら
人生は短くても長くてもいい
本当に後悔をしないのなら

人生でいちばん

人生でいちばん不幸なのは
自分が幸せだと知らないこと
人生でいちばん楽しいのは
たくさん失敗してたくさん学ぶこと
人生でいちばん寂しいのは
自分に嘘をつくこと
人生でいちばん美しいのは
互いの弱さを支えあうこと
人生でいちばん悲しいのは
自分のことばかり考えて人を傷つけること

人生でいちばんうれしいのは
自分より大切な人がそばにいること
人生でいちばん大切なのは
自分を信じ続けること

間違ってもいい

気づけなかった弱さを
教えてくれるのが恋
自分より大切なものを
教えてくれるのが愛
欲との向き合い方を
教えてくれるのがお金
生活の乱れを
教えてくれるのが健康
成長する楽しみを
教えてくれるのが失敗

28

生きる楽しみを
教えてくれるのが夢
時間の尊さを
教えてくれるのが命
誰にでも過ちはある
たくさんの間違いを繰り返す
人生は学ぶことで豊かになっていく

本当のこと

二度と同じ間違いをせず
がんばろうと思えるのが本当の反省
失敗を恐れず
失敗から学ぶことこそ本当の学習
どんなことが起きても
動じないのが本当の自信
もう一度してあげようと
相手に思わせるのが本当の感謝
自分のことを想う以上に
相手を想えることが本当の愛

つくろうとするのではなく
すでにそばにいるのが本当の友達
見返りを気にせず
ずっと続けられるのが本当の優しさ
努力と思わないくらい
打ち込めるのが本当の夢
年齢を気にせず
挑戦し続けられるのが本当の若さ
お金にとらわれず
自分に正直に生きるのが本当の自由
本当の自分は探しても見つからない
今のあなただから

あっという間の人生

夢中で駆け抜ける10代
真剣に将来を考え始める20代
人生の分かれ道を迎える30代
迷いながら信じた道を突き進む40代
残り時間を意識して選択する50代
自分を確立し始める60代
どの年代もあっという間に過ぎる
行きたい場所があるなら行く
会いたい人がいるなら会う
やりたいことがあるならすべてやる

30

人生は思ったよりも短く
いつ終わるのかもわからないから

あっという間にときは過ぎる
目の前のことを
一生懸命がんばることでしか
道は開けない

31

「毎日ベストを尽くす」そこからすべてが始まる

32

いいんだよ

弱音を吐いてもいいんだよ
人間なんだから
強がらなくてもいいんだよ
疲れてしまうから
いつでも頼っていいんだよ
頼られた人はうれしいから
素直になっていいんだよ
そのほうが楽になるから
いつも前向きでなくてもいいんだよ
悪いときもあるから

焦らなくてもいいんだよ
一歩でも前に進んでいるなら
失敗してもいいんだよ
経験したことに無駄はないから
迷ってもいいんだよ
真剣に考えているのだから
もっと自信を持っていいんだよ
そんなあなたが素敵だから

お金で買えないもの

見た目はお金で買えても
美しさは買えない
便利なものはお金で買えても
安心は買えない
薬はお金で買えても
健康は買えない
本はお金で買えても
知恵は買えない
結果はお金で買えても
感動は買えない

34

お金で買えないものは
なかなか手に入らない
常に自分を磨き続けることで
生まれてくるもの

当たり前の奇跡

一緒に笑える「奇跡」
ありがとうと言える「奇跡」
ともに喜びを分かち合う「奇跡」
いつもそばにいてくれる「奇跡」
今日も生きられる「奇跡」
当たり前の日常に
「奇跡」は溢れている
あとは気づくかどうか
決して失ってから気づかないように

35

あきらめる前に
もう一度挑戦してみる
人生は何が起こるか
わからない

36

人は変われる

人は変われる
そう思ったときから
人は変われる
自分を信じ続ければ
人は変われる
かすかでも希望があれば
人は変われる
悔しい思いを忘れなければ
人は変われる
運命の出会いがあれば

人は変われる
迷いがなくなったとき
人は変われる
自分を疑わなければ
人は変われる
今の自分に満足しなければ
人は変われる
苦しんでもがいているときこそ

偽らなくていい

本当は疑っているのに
信じるふりをして
本当は悲しいのに
平気なふりをして
本当は納得できないのに
理解があるふりをして
本当は優しいのに
冷たいふりをして
本当はできないのに
できるふりをして

本当は不安なのに
自信があるふりをして
もう我慢しなくていい
自分を偽らなくていい
自分の心に素直になること
自分を偽っているかぎり
本当に人生を楽しめない

理由はいらない

信じるのも
好きになるのも
愛するのも
夢を追いかけるのも
幸せになるのも
理由なんていらない
何か理由をつけて
自分をごまかさないこと
恐れなくていい
自分に素直になればいい

感じるままに動けばいい

40

失敗してもいい

つまずいてもいい
転んでもいい
立ち上がるなら
失敗してもいい
笑われてもいい
挑戦したなら
何度も何度も壁にぶつかるたびに
あきらめたくなることもある
思うようにいかず時間だけが過ぎて
焦ることだってある

失敗があったのではなく
学ぶ機会があっただけ
人は失敗するたびに成長し
あきらめずに続けることで成功する
失敗しない人に成功はない

無駄なことはひとつもない

つらいときがあったからこそ
幸せを感じられる
裏切られて傷ついたからこそ
人に優しくなれる
涙を流すからこそ
強くなれる
自信がなくて不安だからこそ
がんばることができる
人生に無駄なことはひとつもない
どんな経験であっても

これからあなたが
生きるための糧となる

人間だから

人間だから失敗する
人間だから逃げる
人間だからあきらめる
人間だから悲しむ
人間だからうらやむ
人間だから泣く
完璧な人間はどこにもいない
良いときもあれば悪いときもある
自分を責めなくていい
一歩ずつ前へ進めばいい

42

幸せとは
明日は休みだと思って
眠りにつくこと

変えられることから

後悔するより反省する
うらやむより自分を磨く
妬むより良いところを真似る
怒るよりその場を離れる
中途半端にするより真剣にする
何となくやるより意識してやる
言い訳するよりまず動く
期待するより一緒にがんばる
悩むより相談する
無理するよりあきらめる

44

他人を気にするより自分の道を信じる
人生において
無駄にする時間はひとつもない
変えられることから変えよう

タイミング

人生にはタイミングがある
逃すこともあれば
捉えられることもある
遅かったのか早かったのか
そのときにはわからない
ときには迷うかもしれない
一度選んだなら
その選択が正解だったと思えるように
行動するだけ
いちばん良くないのは

何も選ばずに何もしないこと
二度とタイミングを逃さないように

幸せはいつもそばに

会いたいと思えば会える
話したければ聞いてもらえる
わからなければ教えてもらえる
まわりを気にせず思いっきり笑える
食べたいときに食べられる
明日が楽しみだと思いながら寝られる
いつでも夢を追いかけられる
一緒に喜びを分かち合える
何事もなく今日を生きられる
何かを成し遂げるだけが人生ではない

46

当たり前の幸せを大切に
幸せはいつもそばにある

本当の幸せ

好きな人と一緒になっても
欲しかった物を手に入れても
たくさんお金を持っても
幸せになれるとはかぎらない
幸せになるのに条件はない
誰かと比べなくていい
まわりを気にしたり
自分をごまかそうとすれば
幸せは遠ざかっていく
自分が本当に求めているのは

何なのかを考える
何もなくても幸せにはなれる
幸せを感じる心があるかどうか

幸せは自分で決める

いつまでも続く幸せはない
いつまでも続く不幸もない
どんなに大切にしても失うこともある
どんなに苦しくてもときが解決することもある
大切なのは今の自分が
どちらなのかを意識すること
いつの間にか失わないように
勝手にあきらめてしまわないように
幸せかどうかは自分で決める

48

自分の価値を
何ができたかだけで
はからない

美人とブスの違い

相手の気持ちを何も考えずに
そのまま口に出すのが「ブス」
相手の気持ちを察して
ふさわしい言葉を使うのが「美人」
批判しかしないのが「ブス」
アドバイスするのが「美人」
自分ばかり話して
相手の話を聞かないのが「ブス」
相手の話を引き出し
求められることを話すのが「美人」

50

他人を妬んで何もしないのが「ブス」
できることから始めるのが「美人」
自分のことしか考えないのが「ブス」
まわりのことも考えるのが「美人」
まわりに期待して動かないのが「ブス」
自分から声をかけるのが「美人」
いつでも心がけ次第で「美人」になれる

お金より
大事なものは
たくさんあるけど
どれもお金がかかる

お金があるときは
ないように
お金がないときは
あるように
暮らせば
幸せになれる

食べ方は生き方

食べ物を粗末に扱うのは
気遣いができない人
食べ物を残すのは
感謝できない人
食べ物をよく噛まないのは
心に余裕がない人
何も言わずに食べるのは
思いやりがない人
何かをしながら食べるのは
落ち着きがない人

53

とりあえず注文するのは
計画性のない人
料理の見た目を気にするのは
中身を見ない人
食べられることに感謝すること
つくってくれた人に感謝すること
どのように食べるかで人生は変わる
食べ方が生き方となる

電車の中

まわりを気にせず
大きな声で騒ぐ小学生
まわりを気にせず
ゲームに夢中な中学生
まわりを気にせず
パンを食べる高校生
まわりを気にせず
大音量で音楽にひたる大学生
まわりを気にせず
空席を探すのに必死な社会人

まわりを気にしないことは
いつしか習慣となり
その人の生き方となる

恐れなくていい

当たり前にできたことが
できなくなり
思うように動けなくなって
自分の弱さと向き合い
ふがいない自分に苛立ち
悲しくなることもある
失ったものを数えても何も始まらない
失うことで得られるものもある
今あるものに感謝すること
今できることに集中すること

今の自分を受け入れること
歳を重ねることを恐れなくていい

簡単そうで難しい

言葉にするのは簡単だけど
行動で示すのは難しい
裏切るのは簡単だけど
心から信じるのは難しい
「すみません」と言うのは簡単だけど
「ありがとう」と言うのは難しい
好きになるのは簡単だけど
忘れるのは難しい
やる気を出すのは簡単だけど
維持するのは難しい

56

夢を持つのは簡単だけど
叶えるまであきらめないのは難しい
たとえ難しくても心がけていれば
新しい自分が待っている

振り回されない

調子がよいときは
いつも以上に謙虚でいる
絶好調のときこそ
次のリスクがやってくる
調子が悪いときは
目の前のことに一生懸命取り組む
希望を持っていれば
チャンスはやってくる
負け続ける人生もなければ
勝ち続ける人生もない

57

流れに振り回されたくないのなら
冷静に今を見極めること

それぞれの人生

これまで歩いてきた道を
振り返るときがくる
当たり前の笑顔があって
懐かしい声が聞こえて
戻りたいと思っても戻れない
あのとき見た夢を信じて
僕たちはそれぞれの道を歩く
傷つくことがあっても
壁にぶつかっても
自分の道を信じる

確かな答えなんかなくても
どんなに不安であっても
前だけを向いて歩く
別れなんてない
一人じゃない
この空でつながっている
また会おうこの場所で

忘れなくていい

涙を流すことしか
できなかったあの日
どうすればよいのかわからず
何もできない自分を責めていた
忘れようとしても
忘れることができないあの日
たとえときが経っても
心の傷が悲しみを思い出させる
いくら想ってもいくら願っても
もう元には戻れない

どんなにつらくても苦しくても
今日を迎えられる幸せをかみしめる
忘れなくていい
前を向いて進もう

今日という日

今日は二度と来ない
当たり前だけど
いつの間にか忘れてしまい
いつの間にかときが過ぎている
失う前に気づきたい
今日も生きていられること
何事もなく過ごせたこと
そばにいてくれる人がいること
今日が終わる
また明日が始まる

60

明日はどんな日にしたいだろう

人生を変える30日チャレンジ

DAY1 いつもより1時間早く起きる
DAY2 帰り道を変える
DAY3 10分間瞑想をする
DAY4 尊敬する人のおすすめ本を読む
DAY5 新鮮な野菜・果物を食べる
DAY6 森の中や公園を歩く
DAY7 時計を見ないで過ごす
DAY8 大きく口を開けてもっと笑う
DAY9 体に感謝してマッサージする
DAY10 いちばん好きなことをする

DAY11 お金を使うときに感謝する
DAY12 正直でいる
DAY13 考えるよりもすぐに動く
DAY14 自分の強みを書き出す
DAY15 時間をかけない方法を考える
DAY16 会ってみたい人を挙げる
DAY17 なりたい人のように振る舞う
DAY18 今の問題をリストアップする
DAY19 本能に耳を澄ます
DAY20 今日を最大限楽しむ
DAY21 心を奮い立たせる名言を集める
DAY22 孤独のための時間を確保する
DAY23 プレゼントをする
DAY24 いつもより口数を少なくする

DAY25 目標を書いて何度も見る
DAY26 自分の最高の写真を撮る
DAY27 まわりの人を手助けする
DAY28 すぐに決断する
DAY29 人生最後の日と思って過ごす
DAY30 学んだことをノートに書く

III 仕事について

ほんの少しの違い

できない人は言葉で説得し
できる人は行動で説得する
できない人は話したがり
できる人は聞きたがる
できない人はお金を求め
できる人は成長を求める
できない人は過去にこだわり
できる人は未来にこだわる
できない人は不可能と思い
できる人は可能と思う

62

できない人は他人のせいにして
できる人は自分のせいにする
できない人は一人でがんばり
できる人はみんなでがんばる
できる人もできない人も
能力にほとんど差はない
ほんの少しの意識の違いによって
結果に差が生まれる

仕事を楽しむために

どんな学校に通って
どんな会社に勤めて
どんな仕事をしているかなんて
気にしなくていい
毎日心の底から満足して
働いているかどうか
自分のやりたいことに
近づけているのか
明日死んだとしても
後悔しないと言えるのか

仕事は一人ではできない
何をするかよりも
誰と働くのかも大切
あなたのそばには
ずっと一緒に働きたい人がいるだろうか
働くことは生きること
心から仕事を楽しみ
素敵な人生にしよう

新しい自分に

若くないから
もう遅いから
タイミングが合えば
無理に自分を納得させない
本当は傷つくのが怖いだけ
自分を守りたいだけ
たとえ不安であっても
勇気を持って踏み出すこと
つらいこともある
自分の弱さと向き合うこともある

64

逃げ出したくなるときもある
でも乗り越えたその先には
新しい自分が待っている

すれ違う部下と上司

部下のせいにする上司
上司のせいにする部下
わかってくれていると思う上司
わかって欲しいと思う部下
任せていると考える上司
押しつけられたと捉える部下
自分で考えて欲しい上司
具体的に教えて欲しい部下
叱っているつもりの上司
怒られているつもりの部下

うまくいっていると満足な上司
不満がたまっている部下
相手を責めても何も変わらない
どちらが先でもいいから歩み寄る

仕事ができない人の特徴

【し】時間を守らない
【ご】ゴールを意識しない
【と】得意な分野がない
【が】我慢できない
【で】できないことを認めない
【き】気配りができない
【な】なかなか動かない
【い】忙しい、いつかやるが口癖
【ひ】他人事《ひとごと》のように考える
【と】ドロップアウトする

66

すぐにやる人の特徴

【す】スピードを最優先する
【ぐ】具体的にやることを考える
【に】二択まですることを絞り込む
【や】やりたいことから始める
【る】ルールをつくって守り続ける
【ひ】一人で悩まず他人の力を借りる
【と】得意なことを活かす

注意をされたときは
すぐに反応したほうがいい
相手の怒りが
どんどん増幅するから

面倒なことを
後回しにすると
余計に面倒になる

69

何度でも立ち上がれる

負けてもいい
笑われてもいい
泣いてもいい
失敗してもいい
自信がなくてもいい
あきらめさえしなければ
挫折しない人生なんてありえない
君はもっと強くなれる
何度でも立ち上がる強さを持っている

70

本当に怖いのは
一歩も踏み出せずに
終えてしまうこと

約束を守らない人が
人から信用されることはない
たとえ一度でも
約束を守らなかったら
信用を失うと思うこと

「あの人よりマシ」と
思ったときから
成長は止まる

73

一人で悩まなくていい

無理してがんばるほど
うまくいかないこともある
不安でいっぱいで
まわりが見えなくなることもある
どんどん悩みを抱え込んでしまい
余裕がなくなることもある
がんばっているのにうまくいかなくて
殻にこもってしまうこともある
一人で抱え込まなくていい
できることはかぎられているから

74

ときには誰かを頼ってもいい
強がっても何も変わらないから
自分の弱さを見せることで
前に進めることもある

今日一日だけ

つらいこと
苦しいこと
悲しいことがあったとき
今日一日だけ笑おう
今日一日だけ明るくいよう
今日一日だけ親切にしよう
今日一日だけ素直になろう
今日一日だけ感謝しよう
そう思いながら毎日過ごしていれば
いつの間にか人生は楽しくなる

自分に足りないものがあっても気にしすぎない

76

あきらめてもいい

あきらめてもいい
今はタイミングが悪いだけ
自分の気持ちに嘘をついて
無理してがんばったとしても
思うような結果は出ない
ときには離れてみてわかることもある
ありのままの現実を受け入れる
勇気を持つこと
迷いをなくすこと
ほんの少し休むだけ

77

挑戦したくなったらまたがんばればいい
やり直すのに遅いことはない
最後にあきらめなければいい

他人に答えを求めない

他人に答えを求めない
誰かに教えてもらった答えに
価値はない
自分に問いかけ続け
あきらめずに考え続けること
簡単に見つかる答えは
すぐに自分を迷わせる
悩んでもがいて
苦しんで見つけた答えこそ
自信を与えてくれる

正しい答えは
正しい問いから生まれる

79

80

すべてやらなくていい

すべてやるべきと思い込んで
すべて完璧にやろうとがんばって
余裕がなくなっていく
もしも苦手なら
得意な人に任せていい
もしも苦しいなら
助けを求めてもいい
すべて一人で抱え込まなくていい
あとで恩を返せばいい
すべてやらなくていい

すべて完璧でなくてもいい
大切なことを大切にしていれば

やりたいことがなくてもいい

やりたいことがわからなくてもいい
やりたいことがなくてもいい
無理に探そうとして苦しいなら
すぐにやめればいい
突然見つかることだってある
まだまだ時間はある
焦らなくていい
人生とは何をやりたいのか探す旅
たとえ最後まで見つからなくても
その道のりが楽しければいい

やりたいことがなくても幸せになれる

ゼロから考える

うまくいかないとき
壁にぶつかったとき
やり直そうと思ったとき
一度すべてを手放すこと
結果を変えたいなら
今までのやり方や考え方を
変えるしかない
たとえ評価されたことも
褒められていたことも
こだわっていることも

82

一度忘れてみること
ゼロから考えてやり直すことで
あっという間に結果は変わる

うまくいかないとき
奇をてらおうとするより
基本的なことを
おろそかにしないほうが
ゴールにたどりつく

83

限界は自分の思っているよりも先にある
「できない」と考える暇があるなら
「できる理由」を探す

やりたいことがあるなら

会社でやりたいことが
できるわけがないと思うなら
まずは力を身につけること
やりたいことが大きければ大きいほど
時間がかかる
まずはどんなに小さな仕事でも
楽しみながら取り組むこと
自分にしかできない結果を
積み重ねることで
仕事は楽しくなる

やりたいことがあるなら
伝えること
動くこと
伝えなければ思い込みとなり
動かなければ夢のままで終わる

本を楽しむ10の法則

- 内容のすべてを読もうとしない
- たくさん読むことで良書を見分ける
- 自分で本を書くつもりで読む
- 本の中で好きな文章を音読する
- まわりのおすすめ本を読む
- ベストセラー本で常識を確認する
- 著者の失敗から学ぶ
- 昔に読んだ本を読んで成長を確認する
- 購入したらすぐに読む
- つらいときこそ本を読む

86

疲れたときは
前に進むより
立ち止まる勇気

87

勉強のコツ

わからないままにするよりも
わかる人に聞いてみる
一度に勉強するよりも
毎日コツコツ勉強する
一人でがんばるよりも
みんなでがんばればいい
誰かに八つ当たりするよりも
間違ったことを反省する
無理して応用に取り組むよりも
しっかりと基礎を身につける

目先の目標を考えるよりも
何のためにがんばるかを考える
思うような結果が出なくても
今まで勉強してきた自分を信じる

働くとは

働くとは何かを考えてもわからない
働きながら感じとればいい
働くうちに自分の限界を知り
乗り越える強さを身につけ
新たな自分に出会う
出会いによって人生が変わり
自分のためではなく
誰かのためにがんばることで
自分以上の力を発揮できる
面倒な仕事にこそ可能性があり

誰もやりたがらない仕事にこそ価値がある
仕事をするたびに次の仕事が生まれ
働き続けることで成長する

90 新入社員時代から心がけたい「あかさたなはまやらわの法則」

【あ】アドバイスを鵜呑みにしない
【い】忙しくても食事と睡眠をとる
【う】嘘をつかない
【え】遠慮しすぎない
【お】お金をできるかぎり貯める
【か】勝手な判断は禁物
【き】気遣いを忘れない
【く】愚痴を人前で言わない
【け】健康に気をつける

【こ】後悔するより次を考える
【さ】残業時間を自慢しない
【し】仕事以外に趣味を持つ
【す】推測と事実を区別する
【せ】成長より相手を考える
【そ】外の人たちと交流する
【た】誰に対しても挨拶する
【ち】遅刻は厳禁
【つ】机は常にきれいにする
【て】電話を誰よりも早くとる
【と】同期を大切にする
【な】慣れた頃がいちばん危ない
【に】逃げ場があったほうがいい
【ぬ】抜かりなく準備する

【ね】根回しを怠らない
【の】NOと言える勇気を持つ
【は】始める前からあきらめない
【ひ】一人で抱え込まない
【ふ】無礼講を信じない
【へ】便利屋にならない
【ほ】報連相を徹底する
【ま】間違いをすぐに認める
【み】「みんな」に惑わされない
【む】無理せずに休む
【め】面倒くさいことを率先してやる
【も】問題を先延ばしにしない
【や】辞めても会社は困らない
【ゆ】優先順位をつける

【よ】良い先輩を真似る

【ら】楽するよりも楽しくする

【り】理不尽を覚悟する

【る】ルールを守りつつ工夫する

【れ】レールから外れない

【ろ】労働関連の法律を知る

【わ】わからないままにしない

Ⅳ 夢について

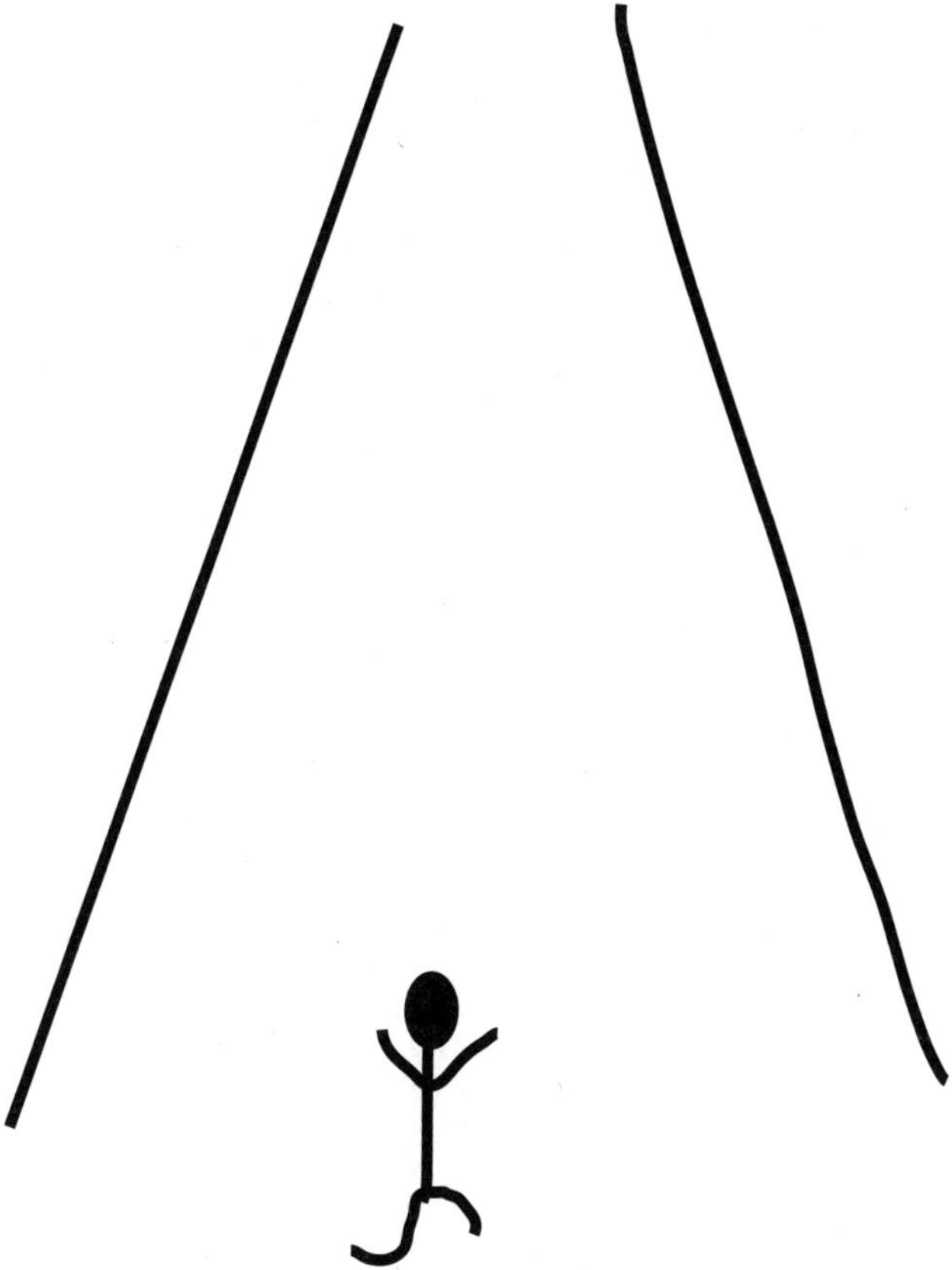

言い訳の真実

能力がないのではなく
学び続けていないだけ
お金がないのではなく
やり抜く覚悟がないだけ
運がないのではなく
努力が足りないだけ
居場所がないのではなく
生み出せばいいだけ
理解してもらえないのではなく
相手を信じていないだけ

経験がないのではなく
飛び込む勇気がないだけ
時間がないのではなく
無駄なことにとらわれているだけ
やりたいことがないのではなく
今の自分に満足しているだけ
自信がないのではなく
まわりと比較しすぎているだけ
うまくいかないのではなく
失敗から学んでいるだけ
思いもよらないことが起こったとき
正しいと信じて行動しても
誰もついてこなかったとき
がんばってもがんばっても

まわりから認められないとき
焦ることだってある
あきらめたいと思うことだってある
最後まで自分を信じられるかどうか
未来を決めるのは
他人でもなく環境でもなく
どんな人間になりたいのか
自分の意志が決める

あとから
振り返って
誇りに思うことは
勇気を持って
挑戦したこと

92

自分と他人の違い

他人に期待すると
不安が募る
自分に期待すると
勇気がわいてくる
他人を思いやると
心が穏やかになる
自分を思いやると
心に余裕が生まれる
他人の声を気にすると
あとで後悔する

自分の心の声に耳を澄ますと
やるべきことがわかる
他人を信じると
裏切られることもある
自分を信じ続けると
どんな夢も叶う
自分の人生は自分で切り拓く

自分らしく

自分らしくあること
自分以上に見せる必要はない
まわりの目に振り回されず
ありのままの自分を受け入れよう
何か一つでもいい
「これだけは負けない」というものを
見つけること
すべての情熱を傾け
求め続けること
苦労してつかみ取ったものでも

それに固執しないこと
自分から壁をつくってはいけない
ときには失敗するかもしれない
自分を見つめて反省すればいい
考えて考えて考える
そこから本当の自信が生まれる
決して最後まであきらめないこと
いつかチャンスはやってくる
心の底から達成したいと願えばつかめるはず
一度しかない人生
どのように生きればよいか答えはない
自分の好きなように生きればいい
あなたが何歳であれ
どのような状況であっても変わらない

変わるのなら今しかない
あっという間にときは過ぎる
挑戦することを恐れないこと
迷ったりためらっている時間はない
やりたいことに価値はなく
やるからこそ価値がある
自分らしく生きよう
あなたならできる

失敗した分だけ成長できる
傷ついた分だけ強くなれる
笑った分だけ幸せになれる
行動すればするほど
自分のためになる

96 選べばいい

どんなに不安でも
どんなに怖くても
人に相談したとしても
もう決めている
すでに何をすべきかわかっている
あとは選ぶだけ
迷わなくていい
信じる道を選べばいい
選んだ道が正しいかどうかはその後の自分が決める
正解にできるのはあなたしかいない

悩んだら
正しいかよりも
楽しいかで選ぶ

97

誰でも成功できる

誰でも成功できる
何が成功なのかわかっていれば
誰でも成功できる
本気で達成できると思っているなら
誰でも成功できる
やるべきことがわかっていれば
誰でも成功できる
自分を信じていれば
誰でも成功できる
初心を忘れなければ

98

誰でも成功できる
他の人の優れている点を学べば
誰でも成功できる
自分の強みを活かせば
誰でも成功できる
常に思いやりを忘れなければ
誰でも成功できる
すでに動いているなら
誰でも成功できる
達成するまであきらめなければ

はじめの一歩

いくつになっても
はじめの一歩がある
その一歩がなければ先はない
たとえ一歩を踏み出しても
失敗することもある
挫折することもある
ときには自信を失ってしまい
なかなかはじめの一歩が
踏み出せないこともある
たとえ怖くても不安であっても

99

はじめの一歩を踏み出すこと
その一歩が
その積み重ねが
豊かな人生をつくっていく

未来は変えられる

消せない過去を思い出して
後悔にひたっても
何も変わらない
まだ起こらない未来を想像して
不安になっても
何も変わらない
変えられるのは今だけ
変えられるのも自分だけ
これからの行動によって
過去を乗り越えられる

自分の意志によって
未来は変えられる

言い訳は返ってくる

やらない理由を
忙しさのせいにしたら
心はなくなる
できない理由を
年齢のせいにしたら
老けていく
わからない理由を
頭のせいにしたら
誰も助けなくなる
うまくいかない理由を

他人のせいにしたら
成長しなくなる
言い訳はすべて自分に返ってくる
一つでも減らすことが
幸せにつながる

つらいならやめてもいい
もしもあきらめようと思い
少しでも後悔が残るのなら
続けてみること
まだまだできる
キミならできる

今日の失敗はいつか
未来の笑い話になる

103

また会う日まで

この広い世界で僕らは出会った
どんな壁だって一緒に乗り越えてきた
大人になれば環境も考えも変わる
譲れないこともあるかもしれない
すれ違うこともあるかもしれない
たった一つのすれ違いで
これまでを否定しないで欲しい
思い出して欲しい
一緒に笑った日々を
思い出して欲しい

一緒に泣いた日々を
思い出して欲しい
一緒に夢に向かった日々を
きっとわかりあえる日がくる
また会う日までありがとう

キミは自由

傷ついた心を守ろうと
意地を張ることもある
本当は自信が欲しいのに
自信があるふりをすることもある
人に認められなくて
将来が不安になることもある
まわりを疑ってしまい
自分の殻にこもることもある
どうもがいてもダメなときだってある
どんなに苦しくても道に迷っても

歩むことをあきらめてはいけない
ときには道から外れて休んでもいい
立ち止まって見えてくることもある
どのような道を歩んでもかまわない
最後に満足しているかどうか
振り返って後悔するのはやらなかったこと
少しでもやりたいことがあるなら挑戦しよう
前に踏み出すことで拓ける道がある
誰かに遠慮する必要はない
どこへだって行ける
キミは自由だ

ありのままの自分で

自信がなくてもできることはある
始められることはいくらでもある
最初から完璧にできる人は
どこにもいない
やってみなければ
わからないことだってある
待っていては何も始まらない
傷つくことを恐れない
恥をかくことをためらわない
自信があるふりをするくらいなら

ありのままの自分を認めよう
そこからすべてが始まる

生きるだけでいい

何もとりえがなく
ただ生きている
それだけでもいい
誰もが望む道を
歩めるわけではない
それでも
あなたの前には道がある
あなたしか歩めない道がある
まわりを気にしなくていい
前だけ向いて歩けばいい

過去を選んだのは自分
未来を決めるのも自分
今どうするかは自分次第

108

まだまだこれから

やってみたかった
できなかった
行ってみたかった
勝手に自分から
過去にしないこと
まだまだこれから
今すぐやってみる
できるまでやってみる
迷わずに飛び込んでみる
あきらめるのはまだ早い

いつでも挑戦できる
いつでも未来は変えられる

110 苦しみの先に

悩まずに生きることも
失敗せずに成功することも
傷つかずに愛することもできない
たとえそのときは苦しくても
あとから振り返れば糧となり
一回り大きく成長している
どんな経験であっても
自分にしか体験できないこと
乗り越えられない試練はない
できるだけ楽しもうとすること

いつも苦しみの先には
喜びが待っている

自分を信じる

他人の言葉より
自分の行動を信じる
見えない不安より
自分の想いを信じる
消せない過去より
自分の未来を信じる
間違ってもいい
迷ってもいい
信じる道を進めばいい
信じることができた

自分を誇りに思えばいい
最後まで自分を信じることが
すべてを可能にする

君だけの道

一度信じた道をつき進むこと
その先に何があるかはわからない
それでも迷わずに歩き続けること
決して後ろを振り返らず
まわりにも惑わされず
ただ前だけを向けばいい
その道は君だけの道
自信を持って歩けばいい

続けることでしか
あなたの人生は変えられない

113

傷ついてもいい

どれだけ傷つくことを
覚悟したとしても
何度傷つくことを
経験したとしても
傷つくことに
慣れることはない
大切なことであるほど
大切な人であるほど
傷は深くなる
苦しくなる

傷ついてもいい
時間が傷を
癒してくれるから

どんな経験も無駄ではない

幸せだとわかるのは
つらかったときがあったから
安心できるのは
寂しかったときがあったから
夢だとわかるのは
叶えられないときがあったから
笑顔でいられるのは
涙を流したときがあったから
出会えたのは
別れがあったから

どんな経験も無駄にはならない
未来のあなたに活かされる

努力が報われなくても

努力が報われるとはかぎらないけど
努力している人をバカにしないこと
できるかぎり応援する
努力してもうまくいかないこともある
自分を信じられなくなることもある
まわりの声に惑わされることもある
それでも努力をやめてはいけない
自分の目標だけを見ていればいい
まわりを気にしない
自分を信じること

努力が報われるとはかぎらないけど
その経験は明日の自分の糧となる

焦らなくていい

少しでもがんばるのをやめたら
何の価値もないように思えて
自分にしかできないことがなくて
本当にやりたいことがわからなくて
ただ生きる自分が情けなくて
正解かどうかもわからない道を
走り続けるのは不安かもしれない
ときには休むことも大切
焦らなくていい
自分のペースで歩けばいい

強く生きるとは
負けないことではなく
どんな困難に
ぶつかったとしても
立ち上がること

118

完璧な人はいない

報われないこともある
裏切られることもある
結果が出なくて焦ることもある
まわりをうらやむこともある
壁にぶつかったとしても
決して逃げないこと
あきらめたらいつか後悔する
最初から完璧な人はいない
発展途上の自分を信じればいい
時間がかかってもいい

何度失敗してもいい
ひとつひとつ壁を乗り越えればいい
無駄な努力はひとつもない
いつかあなたの力になる

すべてを受け入れる

すべてを受け入れたとき
苦しみは思い出になり
自分を信じることができたとき
弱みは強みになり
苦労と思わなくなったとき
努力が当たり前になり
やり抜くと覚悟を決めたとき
夢は目標になり
最後まであきらめなければ
失敗は成功になる

考え方が変わると
あっという間に人生は変わる

あとから気づく

後悔して身に染みる
「勇気の価値」
負けて初めて知る
「努力の大切さ」
親になって感じる
「両親の偉大さ」
傷ついてわかる
「友の素晴らしさ」
失って気づく
「当たり前の有難《ありがた》み」

いつだって本当に大切なことは
あとから気づくもの
大切なものを見失うとき
自分のことばかり考えている
あなたが踏み出すその一歩に
どれだけの人が支えてくれたのかを
忘れてはならない

122

夢が叶うノートの書き方

・叶うと信じて夢を書くこと
・すべての制限を無視して書くこと
・わくわくしながら書くこと
・完了形で書くこと
・できるだけ多くの夢を書くこと
・少しでも具体的に書くこと
・新しい夢をどんどん書き足すこと

夢とは
最後まで
自分を信じ続けた人が
叶えるもの

ここにいる

何度も失望と絶望を繰り返し
何度もあきらめそうになった
自分を信じられなくなり
何のためにやっているのか
わからなくなったこともあった
苦しかった
つらかった
逃げ出したかった
そのたびに自分を奮い立たせ
何度も立ち上がった

何度も壁にぶつかり
乗り越えるたびに強くなった
あの日の自分に伝えたい
今ワタシはここにいる
あきらめなかったからこそ
ここにいる

V　恋について・愛について

すれ違う男女

女性にとって会話は心のやりとりだが
男性にとって会話は情報のやりとり
女性は考えがまとまらないから話し
男性は考えがまとまったら話す
女性はすべて聞きたいと思うが
男性はすべて話す必要はないと思う
女性は悩みを聞いて欲しいだけなのに
男性は悩みを解決しようとする
女性は言わなくてもわかって欲しいのに
男性は何も言われなければ大丈夫だと思う

だからいつまでも男女はすれ違う

だましあう男女

男は身長についてサバを読み
女は体重についてサバを読む
男は交際人数を多く見積もり
女は交際人数を少なく見積もる
男は年収をごまかそうとし
女は年齢をごまかそうとする
男は昔の武勇伝を盛って話し
女は今モテることを盛って話す
男は誠実なフリをするが
女は純粋なフリをする

男女のだましあいはいつまでも続いていく

無理は続かない

自分から話さないと
始まらない会話
自分から送らないと
始まらないメッセージ
無理して続けようとしても
引き止めようとしても
いつか終わるときがくる
自分だけががんばらないと
途切れてしまう関係なら
すぐにあきらめること

過去に縛られたら
今のあなたは幸せになれない

友達と恋人の違い

沈黙が気になるのが「友達」
沈黙さえも心地よいのが「恋人」
応援できるのが「友達」
嫉妬してしまうのが「恋人」
忙しくて会わないのが「友達」
無理しても時間をつくるのが「恋人」
頼みごとを断るのが「友達」
どんな頼みごとも受けたいのが「恋人」
触れなくてもいいのが「友達」
触れたくなるのが「恋人」

用があって連絡するのが「友達」
用がなくても連絡したいのが「恋人」
紹介しなくてもいいのが「友達」
大切な人に紹介したいのが「恋人」
本音を言いづらいのが「友達」
本音を言えるのが「恋人」
競い合うのが「友達」
ともにがんばるのが「恋人」
一緒にいて楽しいのが「友達」
一緒にいて自然なのが「恋人」

目に見えないもの

異性を見る目がないのは
目に見えるものにとらわれているから
本当に大切なものほど目に見えない
まわりに惑わされず
一時の感情に惑わされず
しっかりと相手を見ること
好きな理由は
自分にしかわからなくてもいい
本気で好きになったのなら
最後まで信じること

愛を伝えるのは
「愛してる」「好き」だけではない
「おはよう」「ありがとう」だって
素敵な愛情表現

すべて知ろうとするから
すべて失ってしまう
知らないことが
あってもいい
信頼すること

相手にどう思われるか
気にするより
相手のために
何ができるかを
考えたほうが楽しい

恋愛したら

恋して傷つくことも
涙を流すこともある
好きになった自分を
信じられなくなることもある
そう思うのは本当に好きだったから
本気で恋したから
人は別れるたびに強くなる
恋愛しなくても生きていける
だけど恋愛したら
もっと人生を楽しめる

理由をつけて
会いたくなるのが
好きな人
理由がなくても
会えるのが恋人
理由があって
会いたくないのが
興味ない人

いくら追いかけても

いくら追いかけても
いくら想いを伝えても
相手の心が開いていないかぎり
報われることはない
無理してがんばると離れていく
相手の心を自分で開くことは
なかなかできない
タイミングが大切
本当にその人なのか
夢中になる前に

まわりを見渡すこと
今はそのときではないかもしれない

恋の終わり方

相手を知りたいと思えば思うほど
相手のことを好きになり
好きになればなるほど
相手のことが気になり
気にすればするほど不安が募り
不安になればなるほど
相手を束縛したくなり
束縛すればするほど
相手は離れていき
相手が離れれば離れるほど

引き止めたくなり
相手を引き止めようとすればするほど
相手にとって重たくなり
別れることになる
恋をしたら
自分を見失わないように

別れてもいい

別れてもいい
出会いはたくさんある
一つの出会いにしがみついていたら
他の出会いを失ってしまう
出会いには必ず別れがある
いつか別れるときがやってくる
たとえ好きだったとしても
思いがけないときであっても
本当につらいなら泣いてもいい
無理しなくていい

いい別れをすれば
いい出会いがやってくる

誇りに思う

何度泣いて
何度後悔して
何度傷ついたって
最後まで好きだった自分を
誇りに思えばいい
大好きな人の幸せを願う
あなたはいちばん素敵だから

出会いがあるから
別れがある
別れがあるから
出会いがある
誰かの別れは
誰かの出会いに
つながっている

139

別れはやってくる

別れはやってくる
出会ったときから
別れはやってくる
思いもよらないときに
別れはやってくる
たとえ信じたくなくても
別れはやってくる
時間を巻き戻したくても
別れはやってくる
また会おうとしても

別れはやってくる
忘れたいと思っても
別れはやってくる
惜しみながら迎えても
別れはやってくる
どんなに涙を流しても
別れはやってくる
どんなに大切に想っても
受け止めようとしても後悔が残る
その悲しみや寂しさは
いつか自分のためになる
別れることで人は強くなっていく
別れを大切に

涙の数だけ

つらいかもしれない
苦しいかもしれない
泣けるくらい誰かを
好きになれたのは素敵なこと
すべてを忘れるくらい泣けばいい
思い出は涙で流れないから
涙が枯れるまで泣けばいい
次の恋でまた泣くかもしれないから
涙の数だけ強くなり
涙の数だけきれいになり

涙の数だけ優しくなれる
涙のない恋はない

考えすぎない

妥協してまで
結婚する意味があるのか
本当にこの人でいいのか
もっといい人がいるかもしれない
そう考えているうちは
結婚できない
どんなに探しても
完璧な人はいない
自分も完璧ではないから
お互い完璧ではないからこそ

支えあうために結婚する
あまり考えすぎないこと

少しずつ

悲しむよりも少しだけ
喜ぶことが多くなって
泣くことよりも少しだけ
笑うことが多くなって
強がるよりも少しだけ
素直になれることが多くなって
無理するよりも少しだけ
ありのままでいられることが多くなっていく
はじめから理想の恋人はいない
お互いが少しずつ歩み寄ることで幸せになれる

世間の理想に惑わされない
幸せは人それぞれだから

144

恋と愛の違い

1人でも成立するのが「恋」
2人必要なのが「愛」
理由をつくって会うのが「恋」
理由もなく会えるのが「愛」
伝え方に悩むのが「恋」
伝えなくても伝わるのが「愛」
叶わないこともあるのが「恋」
叶えたのが「愛」
一瞬で生まれるのが「恋」
一生育むのが「愛」

すぐに消えるのが「恋」
ずっと残るのが「愛」
相手の嫌なところを見ないのが「恋」
すべて受け入れるのが「愛」

思いやる気持ち

言葉だけでは
伝えきれないこともある
言葉でしか
伝わらないこともある
そばにいても
わからないこともある
そばにいないと
わからないこともある
言いたいのに言えなくて
会いたいのに会えなくて

お互い思いやる気持ちが大切

この人がいい

この人でいいのか
迷ったらやめること
一人になるのが怖いだけ
まわりを気にしているだけ
無理して会っても
無理して話しても
わかりあえることはない
待っているのは心の行き止まり
一度生まれた不安は
なかなか消えない

この人がいい
私だけしかいない
そう思えるならそばにいればいい

一緒にいるだけでいい

どれだけ仲が良くても
どれだけ心がつながっても
明日はどうなるのかわからない
一瞬で失うこともある
毎日相手と向き合い
ときには相手を許し
悪いところも含めて
すべてを受け入れる
我慢することだってある
つらいと思うことだってある

すべてに意味を求めないこと
一緒に過ごせるだけでいい
そんな日々が大切だから

今すぐ別れる理由

嫌われるのが怖くて
尽くしたとしても
心の中では疑っているのに
信じたとしても
大切なことを犠牲にして
常に相手を優先しても
本当は許せないのに
我慢したとしても
いつか終わりはやってくる
もう無理しなくていい

期待しても裏切られるだけ
曖昧な関係を続けても傷つくだけ
今すぐ別れること

違いを楽しむ

何回連絡をくれたかで
メールの返信の早さで
愛情をはからない
気になったとしても
好きになった理由を聞かない
相手が悩んでいるときには
自分から話しかけずにそっとしておく
何もしてくれないと思ったら
記念日のことを思い出し
ささやかなことを

一緒に喜んでくれなくても気にしない
相手の言動に一喜一憂しないこと
「違い」を楽しむこと

与え続ける

外見を求めればいつか失い
収入を求めればいつか不安になる
誰でも歳をとれば見た目は変わり
お金の使い方が合わないこともある
これから変わるものを求めていたら
心が安らぐことはない
これからずっと変わらないものは
何かを考えること
求めれば求めるほど幸せは離れていく
相手に求めすぎないこと

自分が何を与えられるかを考え
与え続ければ幸せになれる

いつの間にか

いつの間にかそばにいて
いつの間にか考えていて
いつの間にか好きになり
いつの間にか期待して
いつの間にか甘えて
いつの間にか当たり前になり
いつの間にか口数が減り
いつの間にか会わなくなり
いつの間にか別れている
そばにいるのは当たり前じゃない

感謝の気持ちを忘れずに
大切な人を大切に

いちばん幸せ

好かれようとして
嫌われないようにして
自分を偽っていたら
どんどん自分が嫌いになる
イヤなことがあったらイヤと言えて
泣きたいときに思いっきり泣けて
楽しいと思ったら一緒に楽しめて
自分のキモチに素直になれる
そんな人がそばにいたら
いちばん幸せ

世界一おいしいのは好きな人との食事

154

相手を信じる

何度もメールを送る
返信を催促する
自分の想いばかり伝える
ますます不安になり問いただす
相手は嫌気が差し
あっという間に別れることになる
連絡がなくても怖がらない
もっと相手を信じること
自信を持つこと
あなたの行動一つで運命は変わる

自分が好きになった人を信じる
好きになった自分を信じる

156

手放さない

自分のことのように
喜んでくれる人を
笑顔にさせてくれる人を
自分以上に自分を
想ってくれる人を
大切にすること
そばにいるなら
絶対に手放さないように
あとから気づいても遅いから

ダメなところも
言ってくれる人を
大切にする
あなたのことを
本当にわかっているから

Ⅵ 家族について

いつからだろう

いつからだろう
「好き」と言わなくなったのは
いつからだろう
「うれしい」と言わなくなったのは
いつからだろう
「ありがとう」と言わなくなったのは
当たり前になっても
やめてはいけないことがある
当たり前になっても
忘れてはいけないことがある

当たり前を当たり前に思わないこと
失ってからでは遅いから

ありのままを褒める

うまくいったことを褒めて
うまくいかなかったことを叱っていたら
失敗を恐れるようになる
うまくいかなくても
がんばったことを褒めてみる
うまくいったときでも
よりよくなるように指導してみる
何かをしたから褒めるよりも
ありのままを褒めればいい
誰でもやる気を持っている

きっかけをつくるだけでいい

友達でも
恋人でも
家族でも
大切なのは
思いやりと距離感

お母さんがいつも笑ったら
子どもは幸せを感じる
幸せな子どもを見たお父さんは
お母さんを大切にする
大切にされているお母さんは
いつも笑っている

夫婦ラップ

出会った頃はわからなかった二人の相性
いつの間にか趣味までも一緒
だけどあなたは浮気性
ワタシは心配性
ときにはけんかしてばれてしまった本性
それでも結婚して一生一緒
生まれてきた愛の結晶
いつの間にか子どもだけに注がれた愛情
楽しみにしていた子どもの成長
あっという間に子どもたち卒業

そしてあなたも終業
二人っきりそして一人っきり
後悔がなかったワタシの一生
生まれ変わってもまた会いましょう

この世でいちばん大変な仕事

この世でいちばん大変な仕事は
親でいること
いかなるときでも休めない
ときには限界がきて
怒ってしまうこともある
そのたびに謝りたいと
思うこともある
後悔することもある
大変だけど
その分だけやりがいもある

それができるのはあなただけ
子どもにはあなたしかいないから

優しくできない

優しくしたいのに
優しくできない
つい忙しさから
厳しく当たってしまい後悔する
もう限界と思っていても
どうしようもなくて
いつも無理をしてしまう
やり方は間違ってもいい
最善を尽くしているなら
正しいかどうかよりも

想っているかどうか
きっといつかあなたの愛情が
わかる日がくる

家族だとしても

家族だとしても
わかりあえるとはかぎらない
それぞれ大切なものがあって
それぞれこだわりがある
譲らなくてもいい
ぶつかることがあってもいい
確かなのはお互いに相手を想い
真剣に考えているということ
言葉だけでは伝わらないこともある
少しでも相手が理解しやすいように

目に見える形で伝えて
相手の幸せを願うこと

この子のために

この子のために働かないと
この子のために休まないと
この子のためにがんばらないと
余裕のなさや不安は
子どもに伝わるもの
きれいごとだけでは子育てできない
それでも少しでもいい
子どもの前では笑顔でいよう
子どもの寝顔を見ながら
生まれたときの喜びを思い出してみよう

いつでもどこでも
スマホは見られるけど
子どもの成長は
今この瞬間だけ

このままでいい

私も働いているのに
大切な人でさえ
理解してくれなくて
まわりから冷たく見られながら
仕事を切り上げることもあって
自分ばかりと考えるとつらくなる
誰のために
がんばっているのか考えると
ほんの少し楽になる
子どもにだけは想いが伝わっている

このままでいい
何も気にしなくていい

すべてを見ている

親がおいしそうに食べていれば
子どもの好き嫌いはなくなり
親がけんかをしていれば
子どもは批判ばかりするようになり
親が本を読んでいれば
子どもは勉強するようになり
親が「できない」と言っていたら
子どもは自信をなくすようになり
親が一生懸命働いていれば
子どもは努力するようになり

親が泣いていれば
子どもは心配性になり
親がいつも笑っていれば
子どもは明るくなる
子どもはすべてを見ている

すれ違う親子

黙って見守りたいのに
つい口が出てしまうのが「親」
言いたいことはわかるけど
聞く耳を持たないのが「子ども」
いつまでも子どもの健康を
心配するのが「親」
いつまでも親は元気だと
思い込むのが「子ども」
子どもを傷つけないように
するのが「親」

ついきつい言葉で
反応してしまうのが「子ども」
お互いわかっているようでわからない
確かなことは心の中で
相手を大切に思っていること

私は忘れません

私は忘れません
誰より早く起きてご飯をつくってくれたこと
私は忘れません
いつも帰ると笑顔で「おかえり」と言ってくれたこと
私は忘れません
どんなに帰りが遅くてもずっと待ってくれたこと
私は忘れません
私が残したおかずを食べていたこと
私は忘れません
どんなに汚してもきれいな服を用意してくれたこと

私は忘れません
自転車の後ろに乗せて病院へ連れていってくれたこと
私は忘れません
一晩中起きて看病してくれたこと
私は忘れません
季節が変わるたびに心配してメールをくれたこと
私は忘れません
本当につらいときに愚痴を聞いてくれたこと
私は忘れません
自分がうれしいときに一緒に喜んでくれたこと
今さらだけどごめんなさい
友達の前で恥ずかしくて当たってしまったこと
理由もなく冷たいことを言ったこと
そっけない態度をとったこと

わがままを言って泣かせてしまったこと
それでもあなたはいつも私を心配して
いつも見守ってくれていつも私の味方でした
自分らしくいられるのはあなたのおかげです
何百回「ありがとう」を言っても伝えきれません
あなたとともに過ごせたことが幸せでした
私は忘れません
あなたと一緒に過ごした日々を

どんな状況でも
家族は裏切らない
最大の親孝行は
自分らしい生き方を
親に見せること

ありがとうの数

「ありがとう」と言われなくても
「ありがとう」と言う人になればいい
自分から何もしないで
与えてもらうことばかり考えない
自分から与えなければ
何もやってこない
感謝できないのではなく
感謝しないだけ
相手が喜ぶことは
何回でも何人でも伝えればいい

いつの間にかあなたも
感謝されるような人になっている
「ありがとう」の数だけ
人生は豊かになる

大人になる

年齢を重ねるだけで
大人になるとはかぎらない
自分のことばかり考えず
他人との違いを受け入れて
相手を思いやり
子どものような心を忘れないこと
正直であること
素直であること
夢中になること
何も考えずにできるのが子どもで

自然にそう振る舞うことができれば
素敵な大人になる

子どもが生まれたら伝えたい「あかさたなはまやらわの法則」

【あ】挨拶は自分からすること
【い】いつも良いところを見ること
【う】運に頼らずに努力すること
【え】遠慮しすぎないこと
【お】お金に振り回されないこと
【か】感謝の気持ちを忘れないこと
【き】今日やるべきことを決めること
【く】苦しいときこそ笑顔でいること
【け】結果が出ないときこそ続けること

【こ】言葉よりも行動で伝えること
【さ】最初からあきらめないこと
【し】集中できなければやめること
【す】睡眠を大切にすること
【せ】急かさないこと
【そ】外の世界を知ること
【た】大切な人を大切にすること
【ち】小さなことで騒がないこと
【つ】次の人のことを考えること
【て】できる理由を探すこと
【と】得意なことに取り組むこと
【な】泣きたいときには泣くこと
【に】人間として正しいことをすること
【ぬ】抜からないこと

【ね】寝る前に体に感謝すること
【の】残された時間を数えること
【は】歯磨きを欠かさないこと
【ひ】ひらめきを文字に残すこと
【ふ】深く呼吸をすること
【へ】返事は早くすること
【ほ】本気で取り組むこと
【ま】迷ったらすぐに選ぶこと
【み】水を起床後に飲むこと
【む】無理して食べないこと
【め】目を頻繁に休めること
【も】文句は後回しにすること
【や】やりたいことに取り組むこと
【ゆ】夢はできるだけ大きく持つこと

【よ】よく知らないのに批判しないこと
【ら】ライバルと競い合うこと
【り】流行を追いかけないこと
【る】ルールの中で工夫すること
【れ】礼儀正しく振る舞うこと
【ろ】ロマンを持つこと
【わ】わかったふりをしないこと

そのままでいい　100万いいね!を集めた176の言葉

発行日　2017年 2 月25日　第1刷
　　　　2025年 4 月18日　第36刷

Author　田口久人

Illustrator　平山昌尚
Book Designer / DTP　大原健一郎（NIGN）

Publication　株式会社ディスカヴァー・トゥエンティワン
〒102-0093 東京都千代田区平河町2-16-1 平河町森タワー11F
TEL 03-3237-8321（代表）　FAX 03-3237-8323
https://d21.co.jp

Publisher　谷口奈緒美
Editor　大竹朝子

Marketing Solution Company
Staff　小田孝文　蛯原昇　飯田智樹　早水真吾　古矢薫　山中麻吏　佐藤昌幸　青木翔平
磯部隆　井筒浩　小田木もも　工藤奈津子　佐藤淳基　庄司知世　鈴木雄大
副島杏南　津野主揮　野村美空　野村美紀　廣内悠理　松ノ下直輝　八木眸
山田諭志　高原未来子　藤井かおり　藤井多穂子　井澤徳子　伊藤香　伊藤由美
小山怜那　葛目美枝子　鈴木洋子　畑野衣見　町田加奈子　宮崎陽子　青木聡子
新井英里　岩田絵美　大原花桜里　末永敦大　時田明子　時任炎　中谷夕香
長谷川かの子　服部剛

Digital Publishing Company
Staff　大山聡子　川島理　藤田浩芳　大竹朝子　中島俊平　小関勝則　千葉正幸　原典宏
青木涼馬　伊東佑真　榎本明日香　王廳　大﨑双葉　大田原恵美　坂田哲彦
佐藤サラ圭　志摩麻衣　杉田彰子　滝口景太郎　舘瑞恵　田山礼真　中西花
西川なつか　野﨑竜海　野中保奈美　橋本莉奈　林秀樹　星野悠果　牧野類
三谷祐一　宮田有利子　三輪真也　村尾純司　元木優子　安永姫菜　足立由実
小石亜季　中澤泰宏　浅野目七重　石橋佐知子　蛯原華恵　千葉潤子

TECH Company
Staff　大星多聞　森谷真一　馮東平　宇賀神実　小野航平　斎藤悠人　林秀規　福田章平

Headquarters
Staff　塩川和真　井上竜之介　奥田千晶　久保裕子　田中亜紀　福永友紀　阿知波淳平
近江花渚　仙田彩歌　池田望　齋藤朋子　俵敬子　宮下祥子　丸山香織

Proofreader　株式会社文字工房燦光
Printing　株式会社厚徳社

ISBN978-4-7993-2039-6　©Hisato Taguchi, 2017, Printed in Japan.